Dr. Anne van Stappen & Catherine Blondiau

Vorwort von Dr. Catherine Gueguen

Das kleine Übungsheft

Gewaltfreie Kommunikation mit Kindern

Aus dem Französischen von
Claudia Seele-Nyima

Illustrationen von Jean Augagneur

TRINITY

Anne van Stappen, Ärztin und seit 20 Jahren Trainerin für Gewaltfreie Kommunikation (GFK) nach Marshall B. Rosenberg, hält Vorträge und Seminare zu Kommunikation und Konfliktmanagement. Sie ist Autorin des GFK-Romans *Warum gehen, wenn du tanzen kannst* (Goldmann 2011) sowie zahlreicher kleiner Übungshefte.

Catherine Blondiau, ursprünglich Rechtsanwältin, arbeitet heute als Yogalehrerin. Sie hat ein Buch über Yoga und den Einsatz von ätherischen Ölen bei Kindern geschrieben und leitet regelmäßig Fortbildungen und Workshops zum Thema »Begleitung von Kindern«.

Die Originalausgabe ist erstmals 2017
bei Éditions Jouvence erschienen.
Titel der französischen Originalausgabe:
Petit cahier d'exercises de Communication
NonViolente® avec les enfants

Chemin du Guillon 20, Case 184, CH-1233 Bernex.
www.editions-jouvence.com
info@editions-jouvence.com

Umschlaggestaltung: Guter Punkt, München
Satz: Anika Krings, München
Druck und Bindung: Pustet, Regensburg
ISBN 978-3-95550-279-9

www.die-kleinen-uebungshefte.de

Vorwort

Studien der sozialen und affektiven Neurowissenschaften bestätigen das, was Marshall Rosenberg, der Begründer der Gewaltfreien Kommunikation (GFK®), intuitiv erkannt hat: Sie zeigen, dass eine einfühlsame, liebevoll zugewandte Beziehung zum Kind die Grundvoraussetzung für die optimale Entwicklung seines Gehirns ist.

Jeder Mensch träumt davon, verstanden zu werden und seine Empfindungen, Gefühle und tiefen Wünsche äußern zu können. Mithilfe der Gewaltfreien Kommunikation können wir diesen Traum für unsere Kinder wahr werden lassen.

Eltern, die Gewaltfreie Kommunikation praktizieren, verstehen ihre eigenen Gefühle besser und damit auch die der anderen. Sie kritisieren nicht mehr und wissen, wie man Konflikte regelt: nämlich indem man dem Kind hilft auszudrücken, was es fühlt und erlebt, und ihm liebevoll zuhört. Solche Eltern können Nein zu unangemessenem Verhalten sagen und gleichzeitig verstehen, was das Kind dazu gebracht hat.

Wenn ein Kind Gewaltfreie Kommunikation lernt, blüht es auf, sagt ehrlich, was in ihm vorgeht, versteht sich selbst und andere besser. Es kann auf Gewalt verzichten und hat nicht mehr das Bedürfnis, stärker als andere zu sein oder sie abzuwerten, im Gegenteil: Es verhält sich gern kooperativ und wird sogar zum Beschützer derjenigen, die Erniedrigungen ausgesetzt sind. Ein glückliches, nicht gestresstes Kind ist motiviert, will lernen, will verstehen, ist unternehmungslustig und kreativ.

Dr. Catherine Gueguen, Kinderärztin und Autorin

Eltern, Erzieher, Lehrer sein – ein Kinderspiel!?

Kinder in die Welt zu setzen, sie zu lieben, in ihrer Entwicklung zu begleiten, ihnen Grundsätze und Richtlinien zu vermitteln, die sie im Leben unterstützen – das ist für viele von uns das Schönste auf der Welt, gleichzeitig aber auch ein heikles Unterfangen.
Wir engagieren uns von ganzem Herzen, mit all unseren Überzeugungen und Hoffnungen. Dieses Engagement bereichert zwar unser Leben und verleiht ihm Sinn, doch wir merken auch, dass wir oft überfordert, gereizt und hilflos sind, weil uns die erzieherischen Methoden zur Bewältigung der Schwierigkeiten fehlen, mit denen wir konfrontiert werden.

Trotzdem wollen wir unser Bestes tun für die Kinder, die uns auf unserem Weg begleiten. Manchmal gelangen wir dabei auch an unsere Grenzen. Mal ist alles bestens, dann wieder stehen wir vor Herausforderungen, die uns ungerecht und unverständlich erscheinen, wo wir doch unseren Kindern so viel Zuwendung und Liebe entgegenbringen.

Kurzum: Das Leben mit diesen heranwachsenden Wesen ist ziemlich aufwühlend, und mitunter fehlen uns die Ressourcen, um unserer Rolle als Eltern oder Erzieher voll und ganz gerecht werden zu können.

Nicht zu vergessen, dass wir dem Nachwuchs pausenlos zu jeder Tages- und Nachtzeit zur Verfügung stehen, sodass unsere bedingungslose Geduld und Liebe mitunter arg strapaziert werden:

Ihre Tochter ist krank, könnten Sie sie in der Schule abholen?

Heute Morgen waren meine Eltern nicht da, und ich habe kein Frühstück bekommen …

Unabhängig davon, in welcher familiären oder beruflichen Beziehung wir zu dem Kind stehen: Es bleibt uns überlassen, mit der betreffenden, oft dringlichen Situation fertigzuwerden.

Außerdem sind wir auch mit unangebrachtem oder nervigem Verhalten konfrontiert, so sehr, dass wir bisweilen vielleicht verärgert denken: Dieses Kind testet mit voller Absicht aus, wie weit es bei mir gehen kann!

So fehlen uns manchmal die Worte oder Strategien, um unsere verschiedenen Lebensbereiche ruhig und gelassen unter einen Hut zu bringen, und wir versäumen das Wesentliche: die menschliche Seite unserer Beziehung zu einem Kind zu genießen und auszugestalten.

Angesichts solcher Herausforderungen ist die Gewaltfreie Kommunikation eine großartige Möglichkeit, unser Dasein als Eltern oder Lehrer leichter und schöner zu machen. Dieses kleine Übungsheft zeigt Ihnen Wege auf, wie Sie in Beziehungen zu Kindern und Jugendlichen maximale wohlwollende Zuwendung entwickeln können, um zum Nutzen aller für ein möglichst harmonisches Verhältnis zu sorgen. Auf diese Weise kann sich das Kind emotional und seelisch optimal entwickeln.

Falls Sie die Gewaltfreie Kommunikation noch nicht kennen, lesen Sie das kleine Übungsheft »Gewaltfreie Kommunikation«, um sich mit den Grundsätzen vertraut zu machen.

Dieses kleine Übungsheft bezieht sich auf den Umgang mit Kindern etwa im Alter bis zu zwölf Jahren.

Wir sind Weber, die den Faden des Lebens im Herzen der Kinder schützen und stärken.

Die Grundbegriffe der GFK

Gewaltfreie Kommunikation ist eine Denkweise, die dazu einlädt, sich immer wieder zu fragen, was einen Menschen tief im Inneren bewegt. Das ist zum einen das, was er im betreffenden Augenblick spürt – Gefühle oder körperliche Empfindungen –, und zum anderen das, was er gerne hätte, also seine Wünsche oder Bedürfnisse[1]. Dadurch können wir im Bewusstsein unserer jeweiligen Wünsche mit anderen in Beziehung treten und die Wünsche aller Beteiligten respektieren.

Dieser Raum zwischenmenschlicher Bewusstheit ist unantastbar, denn das Wahrnehmen der Bedürfnisse anderer und das aufrichtige Anerkennen, dass diese Bedürfnisse ihre Berechtigung haben, sorgen für mehr Menschlichkeit, Authentizität, Sinn und Harmonie. Da dieser Raum allen Menschen gemeinsam ist, trägt er dazu bei, dass sie sich untereinander verstehen. Wir alle haben nämlich dieselben Bedürfnisse, unabhängig von Herkunft, Traditionen, Hautfarbe und Weltanschauung: z.B. nach Liebe, Spaß, Entspannung, Nahrung, Sicherheit, Hoffnung für die Zukunft, Entscheidungsfreiheit usw.

Ausgehend von dieser Bewusstheit in Bezug auf die Empfindungen und Wünsche zeigt uns die Gewaltfreie Kommunikation eine Art und Weise, wie wir uns ausdrücken und mitteilen können. Die Methode umfasst zwei Richtungen und vier Schritte. Sie verdeutlichen hervorragend,

Anmerkung

[1] In der Gewaltfreien Kommunikation hat das Wort »Bedürfnis« folgende Bedeutungen: Bestreben, Wunsch, Traum, Wert; das, was uns animiert bzw. in uns »lebendig ist«.

dass wir uns unseres gemeinsamen Menschseins bewusst sind und einen menschlichen Umgang miteinander anstreben.

»Zwei Richtungen« bezieht sich auf uns selbst und auf unser Gegenüber. Es bedeutet, manchmal entscheidet man sich – bezogen auf die eigenen Gefühle und Bedürfnisse –, bei sich selbst zu bleiben, in sich hineinzuhorchen und sich entsprechend mitzuteilen; manchmal wiederum beschließt man, beim anderen zu bleiben und auf ihn zu hören, indem man versucht, seine Gefühle und Bedürfnisse wahr- und anzunehmen.

Die vier Schritte sind:

1. Neutrale Beobachtung der Tatsachen, ohne Übertreibung, Entstellung oder Beurteilung.

2. Das **Wahrnehmen** von Gefühlen und Empfindungen. Je nach Situation werden sie entweder benannt oder nur wahrgenommen, um die Bedürfnisse zu erkennen, denen sie entspringen.

3. Formulieren der Bedürfnisse, die den wahrgenommenen Gefühlen und Empfindungen zugrunde liegen. Gefühle und Empfindungen fallen nämlich nicht vom Himmel. Sie gehen aus einem – befriedigten oder unbefriedigten – Bedürfnis hervor.

Beispiele

➡ Ihr Kind ist erst 20 Minuten später als geplant fertig für die Schule und Sie ärgern sich, weil Ihre Bedürfnisse nach Einhaltung von Verpflichtungen und nach Pünktlichkeit unerfüllt sind.

➡ Die Hemden Ihres elfjährigen Sohnes riechen nach Zigarettenrauch. Auf Ihre Nachfrage gesteht er, dass er raucht … Sie sind beunruhigt, weil Sie das Bedürfnis haben, dafür zu sorgen, dass er gesund bleibt; aber auch beruhigt, weil Ihr Bedürfnis nach Ehrlichkeit befriedigt ist.

4. Bitte (vgl. dazu die sechs Kriterien auf Seite 42):
Im ersten Beispiel könnte die Bitte so lauten: Bist du damit einverstanden, dass wir uns einen Moment Zeit nehmen, damit du mir erklären kannst, warum du dich nicht an unsere Vereinbarung gehalten hast?
Im zweiten Beispiel: Bist du damit einverstanden, dass wir zusammen herausfinden, warum du mit deinen Freunden rauchst?
Das erste Ziel einer Bitte liegt darin, den Akzent auf die Verbundenheit zu legen, nicht auf die Lösung.

Gib der Verbundenheit Vorrang und die Lösung wird von selbst zu dir kommen!
Marshall Rosenberg

Mithilfe dieser Struktur in vier Schritten klären wir die Gefühle und Wünsche aller Beteiligten, um ihnen in dem, was sie aus ihrer Sicht als wesentlich empfinden, entgegenzukommen. Daraus entsteht maximale Harmonie, denn wenn jemand mit seinen Bedürfnissen aufrichtig anerkannt wird, entspannt er sich und öffnet sich für andere.

Außerdem: Wenn wir die Bedürfnisse aller Beteiligten kennen, können wir überlegen, welche konkreten Maßnahmen in Bezug auf die jeweiligen Wünsche der Einzelnen in einer gegebenen Situation am besten und gerechtesten wären.

Eine weitere – und entsprechend unseren Wertmaßstäben grundlegende – Folge der Gewaltfreien Kommunikation ist die, dass unser Bewusstsein »wacher« wird. Das wiederholte Praktizieren der Gewaltfreien Kommunikation wirkt mit der Zeit wie **Beziehungsyoga:** Es verändert uns grundlegend, verleiht uns innere Festigkeit, macht uns authentisch und ausgeglichen, öffnet unser Herz und stärkt unsere Geduld – dadurch, dass wir uns selbst und andere besser verstehen.

Wenn uns zum Beispiel jemand »nervt«, ärgert oder enttäuscht, dann fällt es nicht immer leicht, ihn als Mensch mit Gefühlen und Bedürfnissen zu sehen. Man neigt dann naturgemäß eher zu Kritik, Vorwürfen usw. Genau in solchen Momenten ist das Praktizieren der Gewaltfreien Kommunikation zwar schwierig, aber entscheidend!

➡ Still in uns hineinzuhorchen, um zu erkunden, was in uns vorgeht, und dabei herauszufinden, was wir gerne hätten, wird als Selbstempathie bezeichnet. Selbstempathie bringt uns zur Ruhe, klärt den Geist und verleiht uns bei Bedarf wieder neue Energie.

➡ Wenn wir jemandem das Ergebnis unserer selbstempathischen Erkundung mitteilen, bezeichnet man das als Selbstmitteilung oder ehrliches Äußern dessen, was in uns vorgeht.

➡ Wenn wir versuchen, die Erfahrungen und Sehnsüchte anderer wahrzunehmen und zu verstehen, nennt man das Empathie.

Um verschiedene Beziehungseinstellungen spielerisch zu veranschaulichen, wählte Marshall Rosenberg zwei Tiere: die Giraffe und den Schakal.

Marshall Rosenberg wählte **die Giraffe,** weil sie von allen Landsäugetieren das größte Herz hat.

Sie ist das Symbol dafür, dass man sich in der Gewaltfreien Kommunikation ein offenes Herz bewahren möchte, besonders in Situationen, in denen man am liebsten »dicht machen« würde. Ein weiterer Grund für die Wahl der Giraffe liegt darin, dass ihr langer Hals für die Fähigkeit steht, die Dinge mit Abstand zu sehen und eine globale Perspektive einzunehmen; eine Perspektive, die man nach und nach in jeder – auch in einer komplexen – Situation beibehalten kann.

Der Schakal wiederum wurde deswegen ausgesucht, weil er gern bellt, beißt oder bei der geringsten Misslichkeit Zuflucht in seiner Höhle sucht.

Er symbolisiert bestimmte Formen der Gewalt in Beziehungen. Aus der Sicht der GFK ist Gewalt immer dann gegeben, wenn man die Verbindung zur eigenen Menschlichkeit oder zu der des anderen verliert: angefangen bei verbalen Attacken über mörderische Gemeinheiten, die wir unserem Gegenüber voller Wut entgegenschleudern, bis hin zu Schlägen oder auch einem lastenden Schweigen, in dem all die Schlechtigkeiten mitschwingen, die wir über den anderen denken … Leider sehen so die althergebrachten Kommunikationsformen aus, die uns seit Jahrtausenden prägen.

Im 16. Jahrhundert wurden sogar Vorrichtungen erfunden, die Erwachsenen das Auspeitschen ihrer Kinder erleichterten! Ihnen auf diese Weise Schmerzen zuzufügen, so dachte man, rege sie zum Nachdenken an und ließe sie schneller heranreifen …
Seit Jahrtausenden sind die Menschen darauf konditioniert, zu kämpfen, zu fliehen oder in Starre zu verfallen, wenn eine Situation als gefährlich eingestuft wird. Das ist tief in uns verwurzelt, durch unser Stammhirn.

Um dieses kleine Übungsheft noch etwas leichter und lockerer zu gestalten, haben wir beschlossen, als Giraffenhaltung eine Lebenseinstellung zu bezeichnen, bei der die Gewaltfreie Kommunikation bewusst, kontinuierlich und geduldig in die eigenen Beziehungen eingebracht wird.

Bevor wir konkret in die Dinge einsteigen, wollen wir uns mit zwei wesentlichen Themen der Erziehung befassen: mit dem System Strafe – Belohnung und mit der erzieherischen Absicht.

Das System Strafe – Belohnung

Es scheint leider so zu sein: Die meisten von uns sind nach einem System des Strafens und Belohnens erzogen worden und erziehen auch ihre Kinder so: Erwünschtes Verhalten wird belohnt, schlechtes Verhalten wird bestraft.

Ein Kind, das in diesem System aufwächst, passt sich tendenziell eher den Erwartungen Erwachsener an, weil es akzeptiert oder geliebt werden will, auf Belohnung aus ist oder sich vor Schelte fürchtet. Es entscheidet sich also nicht deswegen für ein positives Verhalten, weil es auf seine momentanen Empfindungen und Bedürfnisse gehört hat.

So ist ein Kind im System Strafe – Belohnung vor allem deswegen nett, um Strafen zu vermeiden oder um belohnt und geliebt zu werden. Das ist schade, denn so konzentriert es sich auf das, was andere von ihm denken oder erwarten, statt sich zu fragen, welche Gefühle und Sehnsüchte es selbst hat.

Bevor wir weitergehen, ist es sinnvoll, dass wir uns über unser eigenes Verhältnis zum System von Strafe und Belohnung klar werden:

Erste Etappe:
Denken Sie zurück an Ihre eigene Erziehung

Bin ich in einer Familie aufgewachsen, in der das System Strafe – Belohnung praktiziert wurde, oder habe ich es an anderen Orten erfahren?

Wenn Sie »Ja« geantwortet haben, nennen Sie

➡ eine Strafe, die Sie erhalten haben:

➡ Ihre Gefühle danach:

➡ Ihre (un)befriedigten Bedürfnisse während dieser Bestrafung:

➡ die Spuren, die das Ganze möglicherweise in Ihnen hinterlassen hat:

➡ Wären Sie lieber anders behandelt worden? Wenn ja, wie und warum?

Überlegung eines Elfjährigen:

Weißt du, Mama, Strafen und Belohnungen sind doch für Hunde! Wenn ich Brot hole und du mir dafür ein Bonbon gibst, fühle ich mich wie ein Hund. Und wenn ich mich danebenbenehme und bestraft werde, funktioniert das auch nicht, weil ich viel eher Unterstützung brauche.

Wenn Sie das System Strafe - Belohnung praktizieren, beantworten Sie die folgenden Fragen. Stützen Sie sich dabei auch auf Ihre vorhergehenden Antworten:

➡ Unter welchen Umständen habe ich mich für diese Lösung entschieden?

....

....

➡ Habe ich andere Wege und Methoden erforscht?

....

....

➡ Habe ich bedacht, welche Folgen dieses Erziehungssystem kurz- und langfristig hat?

....

....

Zweite Etappe:
Gehen Sie in sich, um zu einer besseren Einschätzung zu gelangen

➡ Beschreiben Sie eine Situation, in der Sie ein Kind bestraft haben. Was haben Sie gesagt, welche Strafe haben Sie angewandt und wie hat das Kind reagiert?

➡ Nennen Sie die unangenehmen Gefühle und unerfüllten Bedürfnisse, die Sie zu dieser Bestrafung veranlasst haben. Nehmen Sie sie mit Klarheit UND Freundlichkeit wahr und an.

➡ Schreiben Sie die Gefühle und Bedürfnisse auf, die Sie und - sofern Sie es wissen - das Kind nach dieser Bestrafung hatten.

➡ Ihre Erfahrungen, Gefühle und Bedürfnisse:

➡ Die Erfahrungen, Gefühle und Bedürfnisse des Kindes:

➞ Hat die Strafe Ihrer Einschätzung nach ihren Zweck erfüllt? Hat sich das Kind anschließend so verhalten, wie Sie wollten? Ohne Ihnen zu grollen oder sich in sich selbst zurückzuziehen?

...

...

...

➞ Glauben Sie, diese Strategie war Ihren innersten Wünschen und Bestrebungen dienlich? Wenn ja, welchen?

...

...

...

➞ Wie oft greifen Sie auf Strafen und Belohnungen zurück?

...

...

...

➞ Kreuzen Sie die Antworten an, die auf Sie zutreffen, und ergänzen Sie sie bei Bedarf:

- ○ Ich weiß nicht, wie ich es sonst machen soll.
- ○ Ich setze sie ein, wenn ich dem Verhalten des Kindes hilflos gegenüberstehe, entnervt bin.
- ○ Ich greife darauf zurück, wenn ich müde bin.
- ○ Andere:

Wichtig ist, dass wir uns unsere Verhaltensweisen bewusst machen, ohne uns zu verurteilen. Jegliches Urteilen verstärkt diese Tendenzen in uns, statt uns davon zu befreien.

Die erzieherischen Absichten der Giraffenhaltung

Selbstliebe und Selbstfürsorge

Giraffeneltern und -erzieher wissen, dass man nicht gut für andere da sein kann, wenn man nicht auch angemessen für sich selbst sorgt. Darum behandeln sie sich mit der nötigen Selbstempathie oder – falls sie dazu nicht in der Lage sind – sie bitten ihr Umfeld, für sie da zu sein. Der Zweck einer solchen fürsorglichen Einstellung gegenüber sich selbst liegt darin, auf diese Weise anderen besser liebevolle Zuwendung geben zu können.

Wie Sie sehen, ist Gewaltfreie Kommunikation leicht zu verstehen, aber komplex umzusetzen. In unserer Beziehung zu einem spontanen, energiegeladenen Kind, dem wir alles beibringen wollen, ist es noch schwieriger, sodass fortwährend automatische Reaktionen bei uns getriggert werden.
Deshalb ist es wesentlich, auf unseren eigenen Rhythmus zu hören und in kleinen Schritten vorzugehen, zunächst in unserer Beziehung zu uns selbst und dann zu den Kindern.

Nennen Sie nun drei Schritte, die Ihnen helfen könnten, für SICH SELBST da zu sein, und die Ihnen möglicherweise so guttun, dass sie Ihnen wiederum genügend Elan verleihen, sich bestmöglich um die Kinder um Sie herum zu kümmern. Nehmen Sie die Gefühle und Empfindungen wahr, die die Schritte jeweils in Ihnen hervorrufen, ebenso wie die Bedürfnisse, die sie befriedigen könnten.

Beispiel

Ich mache mich jede Woche auf und verbringe eine Stunde allein in der Natur.

Gefühle: Entspannung, Freude, mehr Energie
Bedürfnisse: Verbundenheit mit mir selbst und der Natur, Schönheit, Erholung

Drei Dinge, die ich von jetzt an **tun** will:
a) ....
b) ....
c) ....
Gefühle, die diese drei Handlungen hervorrufen:
a) ....
b) ....
c) ....
Bedürfnisse, die durch diese Handlungen befriedigt werden:
a) ....
b) ....
c) ....

Machen Sie sich bestimmte Zusammenhänge bewusst

Konditionierungen und Überzeugungen

Giraffeneltern oder -pädagogen erkunden, was ihre Erziehungsmethoden negativ und oft unbewusst beeinflusst. Sie gehen in sich und finden heraus, inwiefern Konditionierungen, ihre eigene Erziehung und ihr persönlicher Werdegang die Harmonie oder die Leichtigkeit dessen beeinträchtigen, was sie den Kindern vermitteln.

Kindheitswunden

Unsere Wunden hinterlassen bei uns allen Spuren, die einen Einfluss darauf haben, wie wir auf unsere Umgebung reagieren. Eine Giraffenhaltung einnehmen bedeutet, sich Zeit zu nehmen, die Wunden zu heilen, vor allem mithilfe therapeutischer Unterstützung.

Ein offenes Herz für jedes Kind

Eltern/Erzieher nehmen sich die Zeit, mit dem Kind eine Herzensverbindung herzustellen, bevor sie versuchen, es zu erziehen, weil sie ihre Rolle auf bedingungslose liebevolle Zuwendung gründen: Ich liebe dich, weil du bist, wer du bist!

Finden Sie bei sich eine Konditionierung/Überzeugung, die Ihre Beziehung zu Kindern beeinflusst und die Sie Ihrem Empfinden nach besser ablegen sollten.

Beispiel

Als Kind haben Sie gelernt, es sei entscheidend, brillant in der Schule zu sein, und davon sind Sie auch heute noch überzeugt. Darum haben Sie hohe Ansprüche an die schulischen Leistungen Ihrer Kinder. Wenn es nach Ihnen ginge, dürften sie immer nur Einsen oder Zweien schreiben. Ohne diesen Glaubenssatz wäre das Familienklima jedoch entspannter. Außerdem könnten Sie sich besser auf die Kinder einstellen und deren Art, zu lernen und die Schule anzugehen, besser berücksichtigen, ohne ausschließlich auf die Ergebnisse fokussiert zu sein.

Fragen Sie sich:

➙ Woher habe ich diese Konditionierung?

➙ Was bewirkt sie in meiner Beziehung zu den Kindern, mit denen ich zusammen bin?

➙ Was würde passieren, wenn ich diese Konditionierung nicht hätte?

➙ Danken Sie der Person, die Ihre Konditionierung verursacht hat, aufrichtig für all das Wertvolle, das diese Überzeugung in Ihr Dasein gebracht hat. Schreiben Sie dann folgenden Satz auf und sprechen Sie ihn laut:

Von nun an entscheide ich mich – unbeeinflusst von meinen alten Überzeugungen und Gewohnheiten – für das, was mir für alle Beteiligten am gerechtesten und liebevollsten erscheint.

Beobachten Sie sich selbst in den nächsten Wochen, um herauszufinden, was in Ihnen abgemildert oder auf sonstige Weise geändert werden könnte. Fragen Sie sich mindestens einmal pro Woche, was Sie tun könnten, um diesen Aspekt Ihrer selbst abzuschwächen.

Beispiel

Wenn mich der Drang überkommt, meine Kinder anzuschreien, beruhige ich mich mit sechs tiefen Atemzügen.

Erwartete Gefühle: Ruhe, Entspannung, Zentrierung.

Bedürfnisse: weniger Druck, wieder mit meiner liebevollen Zugewandtheit in Kontakt sein, klar im Kopf sein.

Übung

➞ Wählen Sie einen Aspekt Ihrer selbst, den Sie abschwächen oder ganz ablegen wollen:

....

....

....

➞ Gefühle, die Sie sich erhoffen, wenn es so weit ist:

....

....

....

➞ Erfüllte Bedürfnisse:

....

....

....

➞ Was ich konkret tun kann:

....

....

....

Alle Kinder gleichberechtigt behandeln

Die Bedürfnisse eines jeden Kindes werden als gleichwertig angesehen und haben auch denselben Stellenwert wie die Bedürfnisse der Erwachsenen.

Beispiel
Wir als Eltern möchten gern Gehör finden. Es ist darum nur logisch, dass wir auch das Bedürfnis des Kindes berücksichtigen, gehört zu werden.

Das liegt zwar auf der Hand, wenn man in einer ruhigen Gemütsstimmung darüber spricht, aber in der Hitze des Gefechts ist es gar nicht mehr so leicht umzusetzen!

Giraffenerzieher messen jedem Menschen denselben Wert zu, auch wenn natürlich nicht alle Menschen gleich sind.

Vor diesem Hintergrund bemühen wir uns darum, gemeinsam eine Welt des gegenseitigen Verständnisses zu schaffen, in der alle als gleichberechtigt angesehen werden. Wir distanzieren uns von Vorstellungen wie überlegen/unterlegen, gut/schlecht, richtig/falsch, Unrecht/Recht. So kann jedes Kind sein volles Potenzial entfalten, im Vertrauen auf seinen Wert und darauf, dass es Liebe und Vertrauen verdient.

Je nach Konstellation kommt manchen Beteiligten eine größere Entscheidungsverantwortung zu, aber da diese Entscheidungen in dem Bewusstsein getroffen werden, dass alle Beteiligten gleichwertig sind, verursachen sie weniger Protest, Frustration, Groll usw.

Verstehen, dass wir alle Menschen sind

Es geht eher darum, die Bedürfnisse eines Kindes zu verstehen, als darum, sie stets zu erfüllen oder zuzulassen, dass das Kind wahllos alles tun darf.

Darum fragen wir uns: **Welche Bedürfnisse hat das Kind und welche habe ich?**

Zum Schutz des Kindes auf Zwang zurückgreifen

Zwang wird nur zum Schutz eingesetzt, niemals aber, um jemanden unter dem Vorwand, er habe unserer Meinung nach etwas falsch gemacht, zu bestrafen oder zu etwas zu zwingen.

Markieren Sie in der folgenden Liste die Aussagen, die Ihrer Einschätzung nach den Einsatz von Zwang zum Schutz kennzeichnen.

Bei der Giraffenhaltung wird Zwang eingesetzt, um ...

1. zu bestrafen.
2. einem Kind beizubringen, dass es etwas Falsches oder Schlechtes getan hat.
3. ein Kind daran zu hindern, sich selbst zu schaden.
4. ein Kind daran zu hindern, Schaden anzurichten.
5. ein Klima der Sicherheit zu bewahren.

Ja: Nr. 3, 4 und 5; Nein: Nr. 1 und 2

Die klare Verbindung zu den Werten der Eltern und Erzieher

Giraffenerzieher fragen sich, welche menschlichen Werte sie idealerweise verkörpern und vermitteln wollen:

Überlegen Sie, welche Werte Sie haben, und schreiben Sie sie auf. Bringen Sie die Liste an einem Ort an, wo Sie sie häufig im Blick haben. Wählen Sie Begriffe wie **Freundlichkeit, Zusammenarbeit, Vertrauen, Freude, Leichtigkeit, Verständnis, Disziplin, Geduld usw.**

Kindern die Gewaltfreie Kommunikation nahebringen – einige Methoden und Prinzipien

Spielerischer Zugang

Mit Kindern spielen nimmt ihnen die Angst, fördert die Entwicklung ihres Gehirns und ihre allgemeine Ausgeglichenheit und nährt gleichzeitig ihr Bedürfnis nach Liebe.

Dieses kleine Übungsheft stellt Ihnen Spiele vor, die Sie dabei unterstützen, Gewaltfreie Kommunikation mit Kindern zu üben. So können Sie die Kinder allmählich dahin führen, die Gefühle und Bedürfnisse aller wahrzunehmen – angefangen bei ihren eigenen. Fragen Sie sich nach jeder Aktivität gegenseitig, was Ihnen diese Übung gebracht hat; das stärkt die Verbundenheit aller Beteiligten.

Anregung

In Finnland, dem Land, in dem die Kinder die besten Schulergebnisse weltweit erzielen, haben Schüler des Abschlussjahrgangs nachmittags nur spielerische, soziale oder kreative Aktivitäten. Also lasst uns viel spielen, erst recht mit den Jüngeren!

Auf den Rhythmus des Kindes achten

Lassen Sie das Kind die Grundbegriffe nach und nach verinnerlichen: Bei den Kleinen beginnt man damit, die Grundgefühle zu erkennen; dann kommen allmählich neue hinzu (siehe Abschnitt »Empfindungen und Gefühle« auf S. 35).

Zugang über den Körper

Der Körper ist das Tor zu dem, was in uns vorgeht. Darum müssen wir zur Beantwortung der Frage Wie fühle ich mich? die Aufmerksamkeit vorrangig auf den Körper richten und ihn von innen heraus spüren. Das lernt man am besten durch Übung und Wiederholung, denn nur wenige von uns sind in der Lage, alle Feinheiten ihrer körperlichen Empfindungen auf Anhieb zu erkennen.

Die folgenden Anregungen für die Praxis sollten Sie zunächst üben, wenn Sie sich nicht in einer schwierigen Lage befinden, damit sie verinnerlicht werden und im Fall einer Krisensituation leichter umsetzbar sind.

Empfindungen: Wo, was, wie?

Anspannung/Entspannung

Erkunden Sie zusammen mit dem Kind, wie sich Anspannung und Entspannung im Körper anfühlen.

Stellung

Die Übung kann im Stehen, Liegen oder Sitzen ausgeführt werden.

Übung

Die Fäuste ballen, Gesäß, Bauch und Arme anspannen. Die Anspannung fünf Sekunden halten. Dann loslassen und vollkommen entspannen, schlaff werden wie eine Stoffpuppe. Das Ganze mehrmals wiederholen. Was haben alle während der An- und Entspannung empfunden?

....

....

Massage

Geben Sie dem Kind eine Schulter- und Rückenmassage und fragen Sie es: Wie fühlst du dich nach dieser Massage?

....

....

Hat dir eine bestimmte Berührung besonders gefallen?

....

....

Wie ist es für dich, wenn ich mehr Druck auf deinen Körper ausübe? Oder weniger Druck?

....

Sonstiges:

....

....

Temperaturunterschiede

Reiben Sie Ihre Hände aneinander, bis sie warm sind. Halten Sie sie in einem Zentimeter Abstand vor das Gesicht des Kindes und fragen Sie es: Wie fühlt sich das an?

Schlagen Sie dem Kind vor, diese beiden Spiele mit seinen Freunden zu spielen.

Atmen

Imitieren Sie einen tiefen Atemzug mit einer (Giraffen-)Handpuppe: Genau wie die Puppe atmet das Kind langsam ein und lässt dann die Luft sanft durch die Nase ausströmen. Bitten Sie es, zu spüren, wie sein Bauch sich wie ein Ballon aufbläst und wieder leert.

Anschließend lassen Sie das Kind sich hinlegen. Legen Sie ihm die Puppe auf den Bauch, während es tief ein- und wieder ausatmet. Sein Bauch hebt und senkt sich; die Puppe auch.

Fragen Sie dann: Wie fühlst du dich nach dem Atmen mit der Handpuppe?

Basteln Sie, um das Lernen zu erleichtern, vorab mit den Kindern Handpuppen, zum Beispiel eine Giraffe mit einem ausziehbaren Hals. Dadurch wird der Prozess konkret sichtbar. Ein lang gezogener Giraffenhals zeugt von einer angemessenen Distanz zu einer Situation, und ein kurzer, zusammengestauchter Hals zeigt an, dass man kurz davor steht, negativ zu reagieren!

Material: ein langer Strumpf, Stoffreste oder Farbe für die Giraffenflecken, Kunststoffaugen zum Aufkleben.

So wird es gespielt: Das Kind zieht den fertigen Giraffenstrumpf ganz über die Hand und den Arm. Anschließend wird der Teil des Strumpfs, der normalerweise das Bein bedeckt, bis zum Handgelenk hochgekrempelt. Im weiteren Verlauf wird der Bein-Teil des Strumpfs immer weiter in Richtung Ellbogen des Kindes ausgerollt – das verlängert den Hals der Giraffe und symbolisiert das Integrieren der GFK, das Wissen um die Gefühle und Bedürfnisse des Gegenübers.

Empfindungen wahrnehmen – eine Übung für alle, hier an Erwachsene gerichtet

Den Körper und seine Reaktionen zu kennen ist für uns alle wichtig, um in angespannten Situationen automatische Reaktionen zu vermeiden.

Wenn die Anspannung das nächste Mal steigt, beobachten und spüren Sie Ihre Empfindungen, wie zum Beispiel: **Mein Körper zieht sich zusammen, ich atme gepresst, meine Wangen sind heiß usw.** Wenn das geschieht, verlassen Sie den Raum (soweit möglich). Nehmen Sie sich Zeit, mehrmals lange auszuatmen, indem Sie die Luft durch den Mund ausströmen lassen. Die Füße stehen dabei fest auf dem Boden. Nehmen Sie mit Freundlichkeit den Teil von Ihnen wahr und an, der die Geduld verliert und lieber in einer leichteren Situation wäre.

Beobachten Sie, wie Sie sich insgesamt fühlen, nachdem Sie durchgeatmet und bewusst in sich hineingespürt haben.

Die vier Schritte üben

Beobachtung

Eine Beobachtung beschreibt einfach das, was man sieht und hört, mehr nicht! Denken Sie an eine Kamera, die Bilder und Geräusche aufnimmt.

Übung

Wandeln Sie ein Urteil um, indem Sie erst einmal eine Beobachtung machen. Schreiben Sie die Beobachtung auf und lesen Sie sie laut vor. Achten Sie bewusst auf Ihre Haltung, Ihren Tonfall, Ihren Blick usw., das wird Ihnen Hinweise darauf geben, ob Sie wirklich nur beobachten …

Beispiel

Urteil: Du achtest nicht auf deine Kleidung!

Beobachtung: Ich sehe ein Loch in deiner Hose, das heute Morgen noch nicht da war.

Und jetzt Sie!

Ihr Urteil:

....

....

Ihre Beobachtung:

....

Beobachten üben – ein Spiel

Basteln Sie zusammen eine Kamera aus Pappe.

Bitten Sie das Kind, Ihnen von einer schwierigen Situation zu erzählen, die es tagsüber erlebt hat, und ein Urteil abzugeben, das das Erlebte zusammenfasst. Filmen Sie es beim Erzählen. *Schreiben Sie das Erlebnis des Kindes und*

sein Urteil darüber auf. Lassen Sie dann das Kind die Kamera halten und spielen Sie die Szene – »gefilmt« vom Kind –, als würden Sie das Kind darstellen. Das Kind schaut zu und beschreibt, was es Sie tun sieht und sagen hört.

Beispiel: Urteil: Eva war gemein!
Beobachtung: Eva wollte nicht mit mir spielen und hat weiter ihr Buch angeguckt.

Empfindungen und Gefühle

Mit einem Kartenspiel verinnerlichen

Basteln Sie zusammen mit den Kindern ein Kartenspiel mit verschiedenen Gefühlen. Zeichnen Sie die Karten, malen Sie sie aus, schneiden Sie sie aus und laminieren Sie sie, damit Sie sie benutzen können, wenn sich ein Moment zum Praktizieren ergibt.

Zeichnen Sie mit Kleineren ganz einfache Karten, um sich mit den Grundgefühlen vertraut zu machen: Freude, Trauer, Angst, Wut, Ekel. Lassen Sie das Kind die Karten frei ausschmücken. Erweitern Sie dann im Lauf des Übens allmählich die Gefühlspalette.

Mit älteren Kindern können Sie eine möglichst breite Palette kreieren und dabei die Gefühle mit einbeziehen, die sie besonders ansprechen, je nach ihrer Persönlichkeit, ihrem Wesen ...

Verinnerlichen durch Zeichnen

Lassen Sie das Kind einen Körper auf ein großes Blatt Papier zeichnen. Darauf kann es dann Aufkleber anbringen, auf denen steht, welche Empfindungen es an der betreffenden Stelle seines eigenen Körpers hat. Bitten Sie es, das Gesicht einzuzeichnen, sodass der Gesichtsausdruck die momentanen Gefühle des Kindes wiedergibt. Bei dieser Übung wird es entdecken, dass es mehrere Empfindungen gleichzeitig haben kann: Schmerzen im großen Zeh, eine juckende Nase, ihm ist warm, und es fühlt sich energiegeladen.

Verinnerlichen mithilfe von Gegenständen, Stofftieren

Legen Sie Gegenstände, Tiere, Puppen usw., die Sie unter den Spielsachen Ihrer Kinder gefunden haben, in eine Kiste, die Sie vorher gemeinsam mit ihnen dekoriert haben.

Bitten Sie Ihre Kinder, jeweils einen Gegenstand aus der Schachtel auszuwählen, der ausdrückt, wie sie sich fühlen.

Machen Sie es vor:

Ich fühle mich wie eine Schildkröte *für* Ich bin langsam.

Ich bin wie eine Feder *für* ich fühle mich leicht.

Ich fühle mich wie ein Clown *für* Ich bin zu Späßen aufgelegt.

Gefühle durch Musik ausdrücken

Manche Kinder können ihre Gefühle leichter durch Musik oder Lieder ausdrücken. Schlagen Sie ihnen vor, dass sie sich ein Lied aussuchen, das ihre Erfahrungen veranschaulicht. Spornen Sie sie an, es zu singen!

Bedürfnisse

Bedürfnisse sind gewissermaßen die Diamanten der Gewaltfreien Kommunikation – zum einen, weil es schon allein entlastend ist, sie einfach nur zu erkennen; zum anderen, weil wir, sobald wir sie identifiziert haben, Strategien für ihre Befriedigung finden können. Ein Kind, das herausgefunden hat, welche Bedürfnisse es hat, wird unabhängiger und stärker. Das hilft ihm wiederum, sein Leben selbst in die Hand zu nehmen – ausgehend von seinen EIGENEN Wünschen, nicht auf der Grundlage dessen, was ein Älterer denkt, will oder befiehlt.

Es ist besser, einem Kind Hilfsmittel an die Hand zu geben, um stark und unabhängig zu werden, als es so zu erziehen, dass es seine tiefen Wünsche weder kennt noch näher zu erkunden versucht.

Zahlreiche Studien zeigen, dass Kinder, die man gelehrt hat, wie sie mit ihren eigenen Empfindungen und Wünschen in Verbindung sein können, viele Fähigkeiten besser entwickeln als andere Kinder – so zum Beispiel ihr Gedächtnis, ihre Denkfähigkeit, ihre Kreativität, ihre emotionale Ausgeglichenheit.

Bedürfnisse erkennen

Machen Sie mit dem Kind eine Aufstellung seiner Bedürfnisse.

Stellen Sie Objekte zusammen, die Bedürfnisse repräsentieren: einen Ball für das Bedürfnis zu spielen; eine Puppenküche für das Bedürfnis nach Nahrung; ein Kuscheltier für das Bedürfnis nach Zärtlichkeit usw.

Bei den Kleinsten können Sie Bedürfniskarten in ein Kuscheltier mit Bauchtasche stecken. Bitten Sie das Kind in einem gemeinsamen Moment, eine Karte aus dem Bauch des Kuscheltieres zu ziehen, die sein Bedürfnis ausdrückt. Es darf so lange Karten ziehen, bis eine seinem momentanen Bedürfnis entspricht. Das ist ein sehr wirksamer Weg, um dem Kind zu helfen, sich zu entwickeln, sich selbst kennenzulernen und den Mut zu haben, es selbst zu sein.

Beispiel

Das Kind zieht die Karte Ausruhen. Wenn es dieses Bedürfnis in dem Moment nicht hat, sagt es das und nimmt eine andere Karte. Wenn es die Karte Spielen am Abend zieht, wird es garantiert sagen: Klar, das will ich! An dieser Stelle ist es wichtig zu erkennen, dass das Kind zwar dieses Bedürfnis hat, es aber nicht unbedingt erfüllt zu werden braucht …

Das Bewusstsein fördern, dass wir alle dieselben Bedürfnisse haben

Material: ein großes Blatt Papier und Filzstifte/Wachsmalstifte/Buntstifte.

Malen Sie gemeinsam einen Planeten mit all seinen Kontinenten und Bewohnern; tragen Sie die unzähligen bekannten Bedürfnisse von Kindern darauf ein: Liebe, Spiel, Entspannung, Freiheit, Freude, Aufmerksamkeit, Abenteuer ... Schreiben Sie oben auf das Blatt: Überall auf der Welt haben Menschen dieselben Bedürfnisse!

Wiederholen Sie nun noch einmal die Übung von Seite 34 und ergänzen Sie sie mit Ihren Gefühlen und Bedürfnissen:

Beispiel

Urteil: Du achtest nicht auf deine Kleidung.

➡ Wenn ich ein Loch in deiner Hose sehe, das heute Morgen noch nicht da war, mache ich mir Sorgen, ob du in der Schule sicher bist, und ich bin frustriert, weil ich das Bedürfnis habe, dass deine Kleidung sorgfältig behandelt wird.

Und jetzt Sie!

Du isst wie ein Schwein!

Beobachtung:

....

....

Gefühle:

....

....

Bedürfnisse:

Immer muss man dir alles zehnmal sagen!

Beobachtung:

Gefühle:

Bedürfnisse:

Ein Urteil über sich selbst umwandeln

Beispiele

- Ich schreie meine Kinder zu oft an.
- Ich spiele nicht genug mit meinen Kindern …
- Ich bin zu gluckenhaft …

Wenn ich sehe, dass ich

fühle ich mich

weil ich gerne hätte, dass

Ein Urteil über ein Kind umwandeln

➡ Er ist faul!

Wenn ich sehe/höre, dass

...

fühle ich mich

...

weil ich gerne hätte, dass

...

Wie fühlen Sie sich nach diesen umgewandelten Formulierungen? Inwiefern macht es sich körperlich und emotional jeweils unterschiedlich bemerkbar, wenn Sie (ver)urteilen oder sich auf Ihre Gefühle und Bedürfnisse beziehen?

Bitte

Die Bitte umfasst entsprechend der Gewaltfreien Kommunikation sechs Kriterien: Sie ist realisierbar, positiv formuliert, konkret, bezieht eine Person ein (entweder jemand anderen oder einen selbst, je nachdem, an wen die Bitte gerichtet ist), lässt die Wahl und bezieht sich auf das Hier und Jetzt.

Die beiden letzten Punkte sind vor allem im Umgang mit Kindern und Jugendlichen ganz wesentlich.

Wenn wir eine Bitte äußern, überlassen wir die Entscheidung wirklich dem Kind; wir fordern also nicht! Das ist auf lange Sicht von Vorteil, denn ein Kind, dem das Gefühl gegeben wird, voll und ganz als eigenständiger Mensch angenommen zu werden, kann sich besser entfalten, hat mehr Selbstvertrauen und übernimmt von klein auf Verantwortung für seine Entscheidungen und die Folgen.
Wenn wir dagegen dem Kind nicht die Möglichkeit geben, sich zu entscheiden, wird unsere Bitte zu einer Forderung. Hin und wieder, zum Beispiel in Notfällen, mag das zwar ein vorstellbares Szenario sein, aber langfristig ist es kontraproduktiv. Wiederholte Forderungen bedeuten nämlich, dass wir im Lauf der Jahre immer stärkeren Zwang ausüben müssen, um den gewünschten Grad an Gehorsam zu erreichen.
Außerdem: Wenn ein Kind unter Zwang gehorcht, können wir weder wissen, was seine Fügsamkeit motiviert, noch was es tun wird, sobald wir ihm den Rücken kehren!

Kurzum: Um mit der Philosophie der Gewaltfreien Kommunikation in Einklang zu sein, sagen wir es klar und deutlich, wenn wir etwas fordern, und verkleiden unsere Forderung nicht als Bitte!

Aus Sicht der GFK ist es sinnvoller, eine Bitte in Bezug auf die nähere Zukunft – also nicht auf unbestimmte Zeit – zu formulieren und diese Bitte dann in der jeweiligen Gegenwart, die sich daran anschließt, zu wiederholen. Denn wenn jemand sich an einem Tag X zu etwas verpflichtet, heißt das nicht unbedingt, dass er sich dauerhaft an seine Verpflichtung halten kann. Das gilt besonders für Kinder, weil ihr Gehirn sich noch in der Entwicklung befindet und daher sehr formbar ist. Aus diesem Grund ist es erforderlich, dass es eingegangene Verpflichtungen immer wieder – neu formuliert und neu verhandelt – hört; dadurch können viele Reibereien oder Enttäuschungen vermieden werden … Wandeln Sie jetzt eine Ihrer Forderungen um in eine Bitte, um die Verbundenheit zu bewahren!

Beispiel

Geh nicht im T-Shirt nach draußen, wenn es regnet! Wenn du ohne Anorak in den Regen gehst, mache ich mir Sorgen um deine Gesundheit, denn ich habe das Bedürfnis, dafür zu sorgen, dass du nicht krank wirst. Wäre es okay, wenn wir darüber reden, damit ich verstehe, warum du ihn nicht angezogen hast?

Nennen Sie noch einmal …

Ihre Beobachtung:

....

Ihre Gefühle:

....

Ihre Bedürfnisse:

....

Ihre Bitte:

....

➞ 90 Prozent der Bitten sind Beziehungsbitten, bei denen der andere gebeten wird, uns etwas zu sagen, was die gegenseitige Verbundenheit und den Dialog verstärkt.

➞ 10 Prozent der Bitten betreffen eine Handlung, die auszuführen ist.

Je mehr wir die Verbundenheit bewahren – was noch vor der Erziehung oder Problemlösung kommt –, umso größer ist die Wahrscheinlichkeit, dass wir eine starke Beziehung von Mensch zu Mensch mit dem Kind entwickeln. Wir lassen zu, dass es Verantwortung übernimmt, statt sich schuldig zu fühlen, wenn es Nein sagt, oder sich zu zwingen, indem es widerwillig Ja sagt.

Spiel: Den Unterschied zwischen einem Bedürfnis und einer Bitte erkennen

Jeder liest eine Bedürfniskarte.
Nacheinander nennen die Spieler jeweils eine Strategie, wie das Bedürfnis erfüllt werden könnte.

Beispiel

Das Bedürfnis nach Spaß

➞ Mögliche Strategien, um es zu befriedigen: einen lustigen Film ansehen, Witze erzählen, sich gegenseitig kitzeln

Die vier Schritte des Prozesses mit einer gezeichneten Figur

Materialien: Zeichenblatt, Filzstifte, Schere

Die Kinder zeichnen vier getrennte Körperbereiche eines Menschen und schneiden sie aus: den Kopf für die Beobachtung, das Herz für verschiedene Gefühle, den Bauch für die Bedürfnisse, die Beine und Arme für die Bitte oder die Tat.

Das Kind legt den ausgeschnittenen Kopf der Figur auf den Boden:

Was hast du gesehen und gehört?

Es legt das Herz unter den Kopf:

Wie fühlst du dich in deinem Körper und in deinem Herzen?

Es legt den Bauch unter das Herz:

Welche Bedürfnisse hast du?

Es legt die Beine und Arme an:

Was kannst du tun, worum kannst du bitten, um deine Bedürfnisse zu erfüllen?

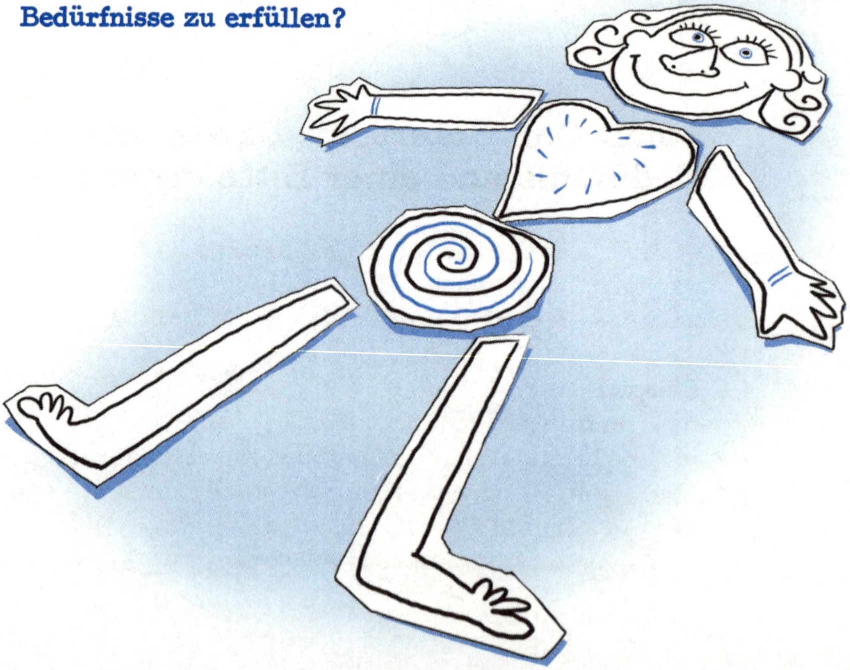

Die vier Hauptwerkzeuge der Gewaltfreien Kommunikation

Selbstempathie oder stilles In-sich-Hineinhorchen, um Gefühle und Bedürfnisse wahrzunehmen

Basteln Sie mit Kindern eine Selbstempathie-Karte

In dringlichen Situationen haben wir vielleicht nicht immer die Zeit bzw. sind nicht immer in der Lage, die vier Schritte in die Tat umzusetzen. Für solche Fälle hier eine Notfall-Mini-Empathie-Übung: Innehalten – atmen – Ihre Gefühle wahr- und annehmen. So können Sie zumindest dafür sorgen, dass unangenehme Gefühle sich legen.

Üben Sie in einer schwierigen Situation, sich mithilfe der folgenden Schritte schnell zu entspannen:

- Atmen und beobachten;
- Empfindungen und Gefühle wahrnehmen.

Und sobald Sie mehr Zeit haben, suchen Sie

- Ihre Bedürfnisse;
- Ihre Bitte an sich selbst (was auch mit einschließen kann, dass Sie andere um etwas bitten).

Durch die Spiegelneuronen[2] im Gehirn lernen Kinder viel durch Nachahmung. So tragen Eltern/Erzieher, die mit ihren Emotionen angemessen umgehen und in schwierigen Situationen friedlich bleiben, dazu bei, dass das Gehirn Heranwachsender sich in dieselbe Richtung aufbauen kann: Ein Kind, das sieht, wie ein Erwachsener sich beruhigt, entdeckt nach und nach, wie es sich auch selbst beruhigen kann.

Selbstmitteilung oder freundlicher Selbstausdruck

Der erste – entscheidende – Schritt, besteht darin, sich im eigenen Körper zu verankern, bevor man sich äußert.

Mithilfe der Berghaltung können wir zum Körper und zum Atem zurückkehren, bevor wir etwas sagen.
Aufrecht stehend, die Füße leicht auseinander, spüren alle Beteiligten ihre Beine, das Becken, den Rücken, die Wirbelsäule, den Kopf und die Arme. Die Füße sind die Basis des Berges, der Kopf ist der Gipfel. Jeder spürt, wie die Füße mit dem Boden in Kontakt sind, und stellt

Anmerkung
[2] Spiegelneuronen sind Nervenzellen, die dasselbe Aktivitätsmuster zeigen, wenn eine Person eine Handlung selbst ausführt oder eine andere Person dabei beobachtet, wie sie diese Handlung ausführt; daher der Begriff »Spiegel«.

sich vor, dass sie den Fuß des Berges bilden, fest im Boden verankert.
Unsere Wirbelsäule und unser Kopf erheben sich zum Himmel. Wir schließen die Augen, wir sind wie ein Berg.

Wie fühlen Sie sich in dieser Position?

Erstellen Sie mit den Kindern eine Spielkarte zur Selbstmitteilung

➡ *Wenn ich sehe/höre, dass ...,*
➡ *fühle ich mich ...,*
➡ *denn ich habe das Bedürfnis, dass ...*
➡ *Wärst du damit einverstanden, dass ...?*

Fertigen Sie mit dem Kind einen Schutzschild[3] an, um ihm zu helfen, seine Fähigkeit zur Selbstmitteilung und Selbstbehauptung zu entwickeln.

Wenn ein Kind mit einem anderen Kind zu tun hat, das sich als Schakal ausdrückt, lässt es sich dadurch vielleicht einschüchtern oder entmutigen.

Anmerkung
3 Inspiriert von den vier Versprechen der Tolteken.

In einem solchen Fall ist es wichtig, ihm beizubringen, wie es den Urteilen anderer und sonstigen »Pfeilen« Einhalt gebieten kann.
Dazu können Sie mit dem Kind einen Schutzschild aus Pappe herstellen.
Hinter seinem Schild atmet das Kind tief durch, spürt, was in seinem Körper und Herzen vor sich geht, und hindert die Urteile daran, es zu verletzen.

Üben Sie das mit ihm, indem Sie verschiedene Situationen durchspielen. Das Kind hält seinen Schild, und Sie sagen etwas zu ihm, das es nicht gerne hört.
Es hebt seinen Schutzschild und sagt: **STOPP!**
Anschließend helfen Sie ihm, seine unangenehmen Gefühle und unerfüllten Bedürfnisse in Worte zu fassen.
Dieses Spiel, bei dem in einer ungefährlichen Situation simuliert wird, wie man in einer realen Situation mit Herausforderungen umgehen kann, hilft dem Kind, seine Fähigkeit zur Selbstmitteilung und Selbstbehauptung zu stärken, während es sich sicher fühlt.

Empathie

Empathisch sein bedeutet, zuzuhören und zu versuchen, die Gefühle und Bedürfnisse des Gegenübers zu verstehen und anzunehmen. Empathie baut sich schon auf, bevor überhaupt ein Wort gesprochen wird. Entscheidend ist, dass der Person ein wohlwollender (oder zumindest neutraler!) Raum geboten wird, damit sie sich angenommen fühlt. Anschließend zeigen ihr unsere Worte, dass wir ihr zugehört und sie verstanden haben. Diese Worte lauten in der Regel so oder so ähnlich wie: Fühlst du dich …, weil du möchtest/gerne hättest, dass …? Ist es das?

Bevor wir die Empathie weiter erkunden, wollen wir uns ein wenig mit den wissenschaftlichen Zusammenhängen beschäftigen.

Schon seit Langem ist bekannt, dass man weder zuhören noch lernen kann, wenn man vor Angst geistig wie gelähmt ist. In den letzten 25 Jahren haben etliche Wissenschaftler[4] gezeigt, dass es für den Aufbau des Gehirns von Kindern und Jugendlichen und für die Entwicklung ihres emotionalen Gleichgewichts unerlässlich ist, dass Eltern und Erzieher liebevoll zugewandt für sie da sind – es ist also entscheidend für den Frieden unseres Planeten und die Zukunft unserer Kinder!

Alles, was ein Kind in Stress versetzt, belastet die Entwicklung seines Gehirns, und zwar insbesondere wegen der Ausschüttung von Stresshormonen (Cortisol, Adrenalin). Eine anhaltende Ausschüttung dieser beiden Hormone wirkt sich negativ auf die Produktion des Wachstumsfaktors BDNF (Brain-derived Neurotrophic Factor) aus; sie zerstört Neuronen in verschiedenen Gehirnbereichen oder verhindert, dass sie sich vermehren. Dadurch werden das Wachstum

Anmerkung

[4] Catherine Gueguen (Frankreich), Allan Schore, Michaël Meaney (Kanada), Martin Teicher, Joan Luby, Bruce Mac Ewen (USA).

und die Entwicklung verschiedener Teile des Gehirns gestört; so zum Beispiel die Entwicklung des orbitofrontalen Kortex (einer Struktur, die eine entscheidende Rolle für das Treffen von Entscheidungen, das Regulieren von Emotionen, die Herausbildung des moralischen und ethischen Empfindens und für die Fähigkeit zu Zuneigung und Empathie spielt). Gestört werden auch die Entwicklung des Hippocampus (Zentrum des bewussten Gedächtnisses und des Lernens), des Corpus callosum usw.

Nach Dr. Catherine Gueguen

Im Gegensatz dazu erleichtert alles, was ein einfühlsames, friedliches Klima schafft, eine optimale Entwicklung der Gehirnschaltkreise des Kindes (und seiner emotionalen und intellektuellen Fähigkeiten) und ermöglicht allen langfristig eine enorme Zeitersparnis, während gleichzeitig Frieden entsteht.

Basteln Sie mit Kindern auf der Grundlage dieser Informationen eine Empathie-Spielkarte.

Die richtige Distanz und Haltung, ein angemessener Blick und Tonfall – all das ist wesentlich für die Empathie!

Erkunden Sie die diversen Elemente des Hinhörens, wie wir alle sie uns im Umgang mit anderen wünschen würden:

Die richtige Nähe

Fragen Sie das Kind, welchen Abstand es als richtig empfindet, wann es sich am wohlsten fühlt. Es ist eine Kunst, sich fein auf seine Bedürfnisse einzustellen. Wir alle haben unsere Vorlieben: Manchmal lassen wir uns gern umarmen, manchmal ist uns Distanz lieber.

Die Haltung und der Blick

Wie setzen oder stellen wir uns richtig hin, um unserem Gegenüber gut zuhören zu können?

Probieren Sie verschiedene Positionen und Blicke aus und sagen Sie, wie Sie sich jeweils dabei fühlen.

Beispiel

Die Person sitzt uns gegenüber, seitlich von uns, etwas seitlich von uns, sie blickt uns an, schaut auf ihr Tablet, macht große Augen …

Welche Gefühle kommen dabei jeweils in uns auf?

Viele Kinder sind durch einen verächtlichen Blick, streng blickende Augen, eine Achtung gebietende Haltung usw. wie gelähmt, vor Furcht und Schrecken erstarrt.

Tonfall und Aufmerksamkeit

Wie fühlen wir uns je nach dem Tonfall und der Aufmerksamkeit unseres Gegenübers?

Die Person …

- ○ spricht in schroffem Ton;
- ○ redet zur selben Zeit wie wir;
- ○ will recht haben;
- ○ spricht sanft;
- ○ gibt uns einen Rat;
- ○ lässt zu, dass wir uns äußern;
- ○ will uns überzeugen;
- ○ sagt uns, was sie von dem, was wir gerade gesagt haben, verstanden hat.
- ○ Sonstiges:

Kreuzen Sie die Verhaltensweisen an, die Ihnen gefallen!

Empathie-Übungen

Spielen Sie Streitszenen, die das Kind erlebt hat, noch einmal mit ihm durch. Lassen Sie es erzählen und schenken Sie ihm mit der Giraffenhandpuppe Empathie. Variieren Sie dabei Ihre Haltung und Ihren Tonfall; drücken Sie Empathie manchmal mit Worten und dann wieder im Schweigen aus, einfach durch Ihre aufmerksame Präsenz.

Fragen Sie das Kind, was ihm am besten gefallen hat: welche Worte oder Haltung, welcher Tonfall, welcher Blick …

Kehren Sie dann die Rollen um: Nun ist das Kind an der Reihe zu üben, wie es Ihnen Empathie zeigen kann, sei es schweigend oder mit Worten. Wählen Sie diesmal aber eine **fiktive** Situation, denn Eltern/ Erzieher sollten ein Kind nicht mit ihren realen Problemen belasten.

Malen Sie diesen Satz aus:

Empathie hat nichts mit Laisser-faire zu tun!

Einer der wichtigsten Wegbereiter der sozialen und affektiven Neurowissenschaften, der US-amerikanische Psychologe Allan N. Schore, hat gezeigt, dass die Entwicklung des orbitofrontalen Kortex eines Kindes stark von der Empathie und Unterstützung seines Umfelds abhängt: Ist das Umfeld freundlich-zugewandt, kann das Kind sein moralisches Empfinden wie auch seine Fähigkeiten, zu lieben, Gefühle zu regulieren, Entscheidungen zu treffen und Empathie zu zeigen, besser entfalten. Erhält ein Kind unter sieben Jahren dagegen keine Zuwendung und bringt man ihm nicht das nötige Verständnis für seine Gefühle entgegen, wird es tendenziell zu Depressionen, Aggressivität und Angst neigen und Schwierigkeiten haben, stabile emotionale Bindungen einzugehen.

Nach Dr. Catherine Gueguen

Dankbarkeit

Anerkennung ist das Wachstumsvitamin von Kindern und Jugendlichen.

Dankbarkeit heißt, uns über eine Geste, eine Handlung, die uns gutgetan hat, zu freuen und begeistert zu sein – und es auch zu zeigen!

Basteln Sie mit den Kindern eine Dank-Spielkarte.

Beispiel

Dass du den Tisch gedeckt hast, hat mir sehr geholfen; ich konnte mich dadurch nach der Arbeit besser ausruhen. Ich freue mich darüber und fühle mich entlastet.

Schreiben Sie pro Kind jeweils drei »Danksagungen« für positive Dinge, die es getan hat.

Nehmen Sie sich die Zeit, jede Tat und jedes Dankeschön voll auszukosten.

Dankbarkeit im Familienkreis oder mit Schülern bekunden

Verwenden Sie die Gefühls- und Bedürfniskarten, die Sie zusammen gebastelt haben.

Kommen Sie einmal wöchentlich – bei Schwierigkeiten häufiger – in der Familie oder in der Klasse zusammen. Alle danken entweder sich selbst oder anderen und nehmen dabei die Karten zu Hilfe, die ihren angenehmen Gefühlen und erfüllten Bedürfnissen entsprechen.

Vereinbaren Sie vorher die Modalitäten – Sprechzeit, Zahl der Dankesbekundungen – und die Ausdrucksformen: mit Worten, einem Lied, einer Zeichnung …
Die Person, der gedankt wird, nimmt sich Zeit, es wirklich auszukosten, mit Körper, Geist und Seele.

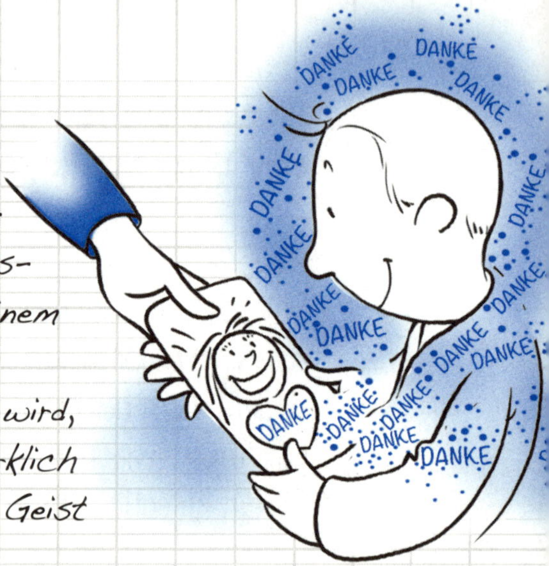

Varianten

Collage

Material: ein großer Bogen Pappe, Zeitschriften, Fotos, Kleber. Während einer Dankesrunde in der Familie oder Schule illustrieren alle Beteiligten ihren Dank, indem sie ihre Dankesworte auf die Pappe schreiben und Fotos und/oder Bilder darauf kleben. Anschließend hängen Sie das Ganze an die Wand. Es zu betrachten stärkt das Selbstwertgefühl der Einzelnen und ermöglicht ihnen, die schöne Erfahrung noch einmal zu genießen.

Einmachglas

Kreieren Sie gemeinsam ein Dank-Weckglas. Jeder schreibt ein Dankeschön auf ein Blatt Papier und nennt seine Gefühle und erfüllten Bedürfnisse (die Kleinen fertigen eine Zeichnung an). Anschließend wird das Blatt in ein Einmachglas gesteckt. Gemeinsam pickt man hin und wieder einen Dankbarkeitszettel heraus, der laut vorgelesen wird. Das ist sehr hilfreich vor einem heiklen Gespräch oder wenn man einen Konflikt lösen möchte.

Vorschläge und Empfehlungen für eine stärkere Giraffenkultur

Schaffen Sie einen Ort der Verbundenheit

Richten Sie eine Giraffenecke ein: einen Ort, an dem man zusammenkommt, um zuzuhören und sich mitzuteilen. Legen Sie das gemeinsam mit den Kindern erstellte GFK-Material dort aus. Bestimmen Sie einen Sitzplatz zum Zuhören und einen, um sich mitzuteilen, an dem sich das Kind mit dem, was es zu sagen hat, sicher fühlt, weil es weiß, dass Sie mit einer Giraffeneinstellung im Zuhörersessel sitzen. Es merkt, dass Sie, während es sich Ihnen anvertraut, nicht gleichzeitig einem anderen Kind zuhören, Kartoffeln schälen oder auf Ihrem Handy herumdaddeln …

Planen Sie Zeiten der Achtsamkeit für Ihre Kinder ein

Tanzen Sie die Gewaltfreie Kommunikation

Üben Sie tageweise – je nach gemeinsamer Übereinkunft – im Wechsel Selbstmitteilung und Empathie. Sie werden feststellen, dass Selbstmitteilung, ebenso wie Empathie, menschliche Verbundenheit zwischen den

Beteiligten schafft – dann nämlich, wenn sie geäußert wird, um einfach ein Bedürfnis auszudrücken, also ohne Erwartungen an den anderen und ohne den Gedanken, »Er/sie sollte …«.

Klare Verhaltensregeln für alle schaffen

Statt auf Gehorsam, der dem Kind unter Androhung von Strafe aufgezwungen wird, basiert das Zusammenleben entsprechend der GFK auf der Zusammenarbeit zweier gleichwertiger Menschen. Dafür legen Sie gemeinsam Ihre Regeln fest.

Wenn Sie es für nötig halten, eine Grenze zu setzen, dann tun Sie es ausgehend von dem, was Sie gerne hätten (Ihre Wünsche), und nicht, indem Sie von Dogmen oder vorgefertigten Vorstellungen ausgehen.

Beispiele
Wenn du dich weigerst zu lernen, mache ich mir Sorgen, weil ich mir wünsche, dass du für dein künftiges Leben gerüstet bist.
Und nicht: Lernen muss man, so ist das nun mal, basta!
Wenn du mit jemandem raufst, der kleiner ist als du, ärgert mich das, weil ich sicher sein möchte, dass ich dir beigebracht habe, andere zu respektieren.
Und nicht: Es ist falsch, sich zu prügeln!

Für den Fall, dass Sie sich doch fürs Strafen entscheiden:

a) Beachten Sie bitte die folgenden drei R: Tun Sie es respektvoll, rational und in angemessener Relation zur Tat, um die drei anderen R zu vermeiden: Rache, Rückzug, Ressentiments.
Wir sollten uns nicht wie die Lehrerin verhalten, die einen Zwölfjährigen schlägt, weil er gerade einen Achtjährigen misshandelt hat. Die Lehrerin schlägt und lässt dann – ohne zu merken, wie absurd ihre Äußerung ist – mit den Worten von ihm ab: Das wird dich lehren, keine Kleineren zu schlagen!

b) Machen Sie dem Kind klar, dass es sich auf Ihre bedingungslose Zuneigung verlassen kann.
Ich mag/liebe dich einfach deswegen, weil du du bist: mit deinem Schwätzen im Unterricht, deiner Fünf in Mathe, deinem chaotischen Zimmer …

Generell ist es wichtig, Kinder immer wieder daran zu erinnern, dass sie wertvoll sind, ebenso wie an die Liebe und Wertschätzung, die wir für sie empfinden. Das ist zwar schon in friedlichen Momenten wichtig, doch wenn wir uns über ihr Verhalten ärgern, ist es entscheidend! Es bewahrt unsere feste Bindung zu ihnen, hilft ihnen aber gleichzeitig, sich weiterzuentwickeln, weil sie das Vertrauen in sich selbst nicht verlieren.

Beschreiben Sie hier, wie Sie, je nach Situation, Ihre Liebe/Zuneigung gegenüber dem Kind zum Ausdruck bringen würden. Vielleicht hilft es Ihnen, wenn Sie sich überlegen, was Sie selbst in Ihrer Kindheit und Jugend gern gehört hätten.

....

....

....

....

....

....

Denken Sie daran, dass die Gewaltfreie Kommunikation nicht unbedingt überall hoch im Kurs steht!

Wenn Sie die GFK in Ihrer Klasse oder in der Familie einführen, berücksichtigen Sie bitte, dass sie nicht überall, wo die Kinder sich regelmäßig aufhalten, praktiziert wird und dass das für die Kinder unangenehm sein kann – sie werden sich dann lieber an Orten aufhalten wollen, an denen ein verständnisvolles Gespräch Vorrang hat vor Bestrafungen. Erklären Sie ihnen, dass der Lebensstil von Mensch zu Mensch variiert und dass manche nur die Schakalsprache beherrschen. Üben Sie mit dem Kind, sich seinen Schutzschild vorzustellen und sich von dem, was über es gesagt wird, nicht beeinflussen zu lassen; seine Gefühle und Bedürfnisse zu erkennen und den Mut zu haben, Stellung zu beziehen: Nein, ich bin nicht einverstanden, denn ich habe das Bedürfnis, …

Helfen Sie ihm anschließend, die Urteile anderer in Gefühle/ Bedürfnisse zu übersetzen.

Seien Sie konsequent in der Praxis der GFK

Wenn wir unsere Sprechweise und unser Verhalten in Beziehungen zu anderen ändern, sind unsere Angehörigen, Freunde und Kollegen möglicherweise überrascht und verspotten uns vielleicht sogar: Komisch, du sprichst gar nicht mehr so wie sonst … Das ist manchmal schwer zu ertragen, denn einerseits brauchen wir Ermutigung für unser Bemühen um Freundlichkeit, und andererseits ist unser Umfeld nicht unbedingt von der Aufrichtigkeit unserer Absicht oder der transformierenden Kraft der Gewaltfreien Kommunikation überzeugt. Denken Sie daran: Aggression oder Zynismus sind Anzeichen dafür, dass jemand sich unwohl fühlt, unsicher oder überfordert ist.

Fallstricke vermeiden – Strategien zur Unterstützung Ihrer Praxis

1) Erinnern Sie sich: Die Absicht, sich liebevoll zugewandt zu verhalten, ist wichtiger als Worte! Wenn also das Klima in der Umgebung eher schakalisch ist, ändern Sie Ihre gewohnte Sprechweise vorerst nicht. Üben Sie den Prozess stattdessen eine Zeit lang innerlich.

Die liebevolle Zuwendung der GFK verankert sich in meinem Herzen, noch bevor ich etwas sage.

Malen Sie diesen Satz aus.

2) Wenn möglich, üben Sie die vier Schritte zunächst formal. So haben Sie ein sprachliches Gerüst, das Ihnen das Lernen erleichtert. Es ist jedoch nur ein vorübergehendes Hilfsmittel, keine festgefügte Sprechweise, die man lebenslang verwenden kann! Sobald Sie sich auf diese Weise flüssig äußern können, drücken Sie sich als **unsichtbare Giraffe** aus: Vermeiden Sie die Formulierung **Fühlst du dich ... weil du das Bedürfnis hast, ...** und verwenden Sie stattdessen lieber Sätze wie: **Bist du ..., weil es dir lieber wäre, wenn ...**

3) Falls Sie beim Erlernen der GFK das Bedürfnis nach Unterstützung haben, suchen Sie auch außerhalb Ihres gewohnten Lebensumfelds: Gründen Sie eine **Giraffen**-Praxisgruppe, bitten Sie nötigenfalls einen Freund, Ihnen zuzuhören …

Einige Eltern- oder Lehrerfragen

Wie bleibt man gelassen mit einem Kind, das unruhig ist oder nicht gehorchen will?

Es ist ganz entscheidend, mit Kindern ein Klima des Vertrauens herzustellen, das sie allmählich dazu bringt, zu SAGEN, wie sie sich fühlen, statt ihre Gefühle AUSZUAGIEREN.

Auch wenn ein Kind nicht gehorchen will, denken Sie daran:
Es ist auch nur ein Mensch mit unangenehmen Gefühlen und unbefriedigten Bedürfnissen; und das Ziel der Gewaltfreien Kommunikation liegt darin, Verbundenheit und Harmonie zu fördern. Um dieses Ziel zu erreichen, steht uns ein Werkzeugkasten mit vier Arbeitsgeräten zur Verfügung:

➜ **1) Selbstempathie:** Um nicht spontan aus der Aufregung heraus zu reagieren, machen Sie eine Pause, atmen Sie durch und erspüren Sie Ihre Gefühle und Bedürfnisse.

➜ **2) Selbstmitteilung:** Teilen Sie sich mit, sprechen Sie für Ihre Bedürfnisse und nicht gegen eine andere Person.

➜ **3) Empathie:** Nehmen Sie wahr, was Ihr Gegenüber fühlt, und versuchen Sie seine Bedürfnisse zu erahnen.

Sie werden feststellen, dass Ihre Empathie auf Sie selbst genauso besänftigend wirkt wie auf die Person, die sie empfängt! Allerdings könnte

Ihre Empathie manchmal zunächst den Eindruck erwecken, sie verschlimmere die Situation. Ist das der Fall, dann liegt es daran, dass das Kind einen ganzen Sack voller Verzweiflung zu leeren hat und nun – dank Ihres Zuhörens – damit anfängt.

Hören Sie daher, wenn möglich, Schicht für Schicht auf den Schmerz, der hervorsprudelt. Denn wenn das Kind bis zum Grund gelangt, ohne dass das, was es sagt, in Abrede gestellt oder es gerügt wird, kann es sich allmählich wieder beruhigen.

Die affektiven Neurowissenschaften zeigen: Wenn ein Erwachsener ruhig bleibt und ein Kind besänftigt, tut das allen gut: dem Erwachsenen, dem betroffenen Kind und den anderen Kindern in seiner Umgebung.

➙ **4) Positive Wertschätzung:** Wenn Sie die Schönheit im anderen sehen, wird sie größer.

Wie geht man mit einem Kind um, das lügt?

Wenn wir denken, dieses Kind ist ein Lügner, machen wir uns ein Feindbild von ihm, wir verurteilen es und verlieren die Geduld mit ihm. Das Kind wird es merken und sich sagen, dass es schlecht gehandelt hat. Es läuft dann Gefahr, dass sich dieses Verhalten noch verstärkt und es sich darin verstrickt (erinnern Sie sich daran, wie es ist, wenn Sie selbst lügen ...). Deshalb – und das ist gar nicht so leicht – ist es wichtig, dass Sie sich bemühen, das Schöne in dem Kind zu sehen. Schönheit – das sind die Gefühle und Bedürfnisse, die es dazu bringen, sich so zu verhalten. Ein Kind, das lügt, empfindet oft Angst und hat das Bedürfnis, sich vor bestimmten Konsequenzen zu schützen ... Wenn wir uns bewusst machen, wie schnell wir (ver)urteilen, und das Urteilen stoppen, indem wir uns mit den Gefühlen/Bedürfnissen des Kindes verbinden, dann verändert das bereits die Atmosphäre, selbst wenn wir kein Wort sagen.

Marshall Rosenberg stellte fest: Es gibt keinen Lügner, sondern nur einen Menschen mit Gefühlen und Bedürfnissen!

Was tun, wenn ein Kind nicht spricht?

Nicht sprechen ist auch eine Form der Kommunikation. Überhaupt nicht zu kommunizieren ist gar nicht möglich. Ein Kind, das nicht spricht, hat Gefühle und Bedürfnisse, schafft es aber nicht, sie auszudrücken. Vielleicht hat es das Bedürfnis, sich zu schützen, Vertrauen zu haben, sich selbst kennenzulernen oder die richtigen Worte zu finden?

Die Gefühle und Bedürfnisse laut zu benennen, die das Kind unserem Eindruck nach hat, kann dem Kind helfen, sich zu erkennen und zu öffnen, solange das Benennen in Form von Fragen und nicht in Form von Behauptungen geschieht: Fühlst du dich …, bist du …?

Manche Lehrer bieten den Kindern an, ihre innere »Wetterlage« herauszufinden: Die Schüler ziehen Gefühls- und Bedürfniskarten, um zu sagen, was in ihnen vorgeht, und sich bewusst zu machen, welche Gefühle und Stimmungen die anderen Kinder haben. Manchmal gefällt den Kindern diese Praxis so sehr, dass sie sie den Lehrern selbst vorschlagen, wenn sich Schwierigkeiten ergeben.

Was tun, wenn ein Kind laut ist und stört?

Idealerweise sollte ein Kind nie ausgegrenzt oder ausgesperrt werden. Legen Sie darum, wenn möglich, einen Ort oder bestimmte Zeiten fürs Herumtoben und Dampfablassen fest, damit es sich nicht ausgeschlossen fühlt.
Falls Sie sich doch entscheiden, ein unruhiges Kind abzusondern, erklären Sie ihm, dass dies geschieht, um die Ruhe im Raum aufrechtzuerhalten, und nicht, um es zu bestrafen. Schenken Sie ihm, wenn möglich, Empathie, bevor Sie sich mitteilen und ihm gegenüber behaupten: Ich verstehe dein Bedürfnis, dich abzureagieren; der Unterricht ist lang, und du hast genug! Aber weißt du, ich brauche Ruhe, um zu unterrichten.

Zum Schluss

Wir beenden hier dieses kleine Übungsheft mit unseren drei Credos – mögen sie Ihr Engagement für die Giraffenhaltung dauerhaft inspirieren!

1. **Die Fürsorge für andere entspringt der Selbstfürsorge.**

2. **Wenn wir das Kind dahin führen, dass es seine Gefühle wahr- und annimmt und herausfindet, was es gerne hätte, kann es dadurch zum Hauptakteur seines Lebens werden.**

3. **Wenn wir eine schönere, bessere Welt schaffen wollen, tun wir das am besten, indem wir Kindern helfen, mit ihren Gefühlen und ihren Lebensimpulsen in Verbindung zu bleiben.**

Gefühle, die wir haben, wenn unsere Bedürfnisse befriedigt sind

abenteuerlustig, amüsiert, angeregt, aufgemuntert, aufgeregt, ausgeglichen, befreit, befriedigt, begeistert, bewegt, bezaubert, dankbar, draufgängerisch, dynamisch, elektrisiert, empfänglich, empfindsam, energisch, engagiert, enthusiastisch, entlastet, entschieden, entspannt, entzückt, erfreut, erholt, erleichtert, erquickt, erstaunt, exaltiert, fasziniert, frei, freudestrahlend, freudig, friedfertig, friedvoll, frisch, fröhlich, froh, gebannt, geborgen, gelassen, gelöst, genährt, gerührt, geruhsam, geschützt, glücklich, gut drauf, harmonisch, heiter, hin und weg, hingerissen, hoffnungsvoll, in Sicherheit, inspiriert, interessiert, jemandem nah, konzentriert, lebendig, leicht, leidenschaftlich, locker, mitfühlend, mitgerissen, motiviert, munter, mutig, neu belebt, neugierig, offen, optimistisch, regeneriert, ruhig, sanft, satt, schelmisch, selbstbewusst, sensibilisiert, sicher, sorglos, sprühend, stark, stimuliert, stolz, strahlend, tief berührt, überrascht, überschäumend, übersprudelnd, ungezwungen, vergnügt, voller Bewunderung, voller Liebe, vom Hocker gehauen, wach, warmherzig, weit und offen, wohlbehalten, wunschlos glücklich, zentriert, zufrieden, zugehörig, zuversichtlich.

Gefühle, die wir haben, wenn unsere Bedürfnisse nicht befriedigt sind

abgeschlagen, abgespannt, allein, am Ende, angeekelt, angeschlagen, angespannt, angstvoll, apathisch, argwöhnisch, atemlos, auf die Palme gebracht, aufgewühlt, aus dem Gleichgewicht, aus der Fassung, außer sich, bedrängt, bedrückt, bekümmert, beschämt, besorgt, betroffen, betrübt, beunruhigt, blockiert, brummig, dem Zusammenbruch nahe, deprimiert, desorientiert, distanziert, durcheinander, durstig, einsam, eisig, entfremdet, entmutigt, enttäuscht, ernüchtert, erschöpft, erschreckt, erschüttert, fassungslos, frustriert, furchtsam, gebeutelt, gekränkt, gelangweilt, genervt, gequält, gereizt, gestresst, gleichgültig, hektisch, hilflos, hin- und hergerissen, hoffnungslos, hungrig, in Angst und Schrecken, in der Defensive, in Rage, irritiert, konfus, konsterniert, kopflos, kummervoll, leer, matt, melancholisch, misstrauisch, mitgenommen, müde, mürrisch, mutlos, nervös, niedergeschlagen, ohne Elan, ohnmächtig, peinlich berührt, perplex, pessimistisch, ratlos, resigniert, ruhelos, schläfrig, schlecht, schockiert, schwach, schwer, skeptisch, traurig, trübe, überanstrengt, überarbeitet, überfordert, übersättigt, überwältigt, unbefriedigt, unbehaglich, unentschieden, ungeduldig, ungläubig, unglücklich, unruhig, unsensibel, unsicher, unwohl, unzufrieden, verängstigt, verärgert, verbittert, verdattert, verdrossen, verkrampft, verlegen, verletzt, verloren, verstimmt, verstört, verunsichert, verwirrt, verzweifelt, voller Vorbehalte, wie vor den Kopf geschlagen, wirr, wütend, wutentbrannt, zerbrechlich, zermürbt, zerrissen, zögerlich, zornig, zweifelnd, zwiespältig.

Begriffe, die vermieden werden sollten:

Sie verbinden ein Gefühl mit einem Urteil über andere oder über sich selbst:

abgelehnt, abgewertet, angefeindet, angegriffen, ausgebeutet, bedrängt, bedroht, beiseitegeschoben, belagert, belästigt, beleidigt, benutzt, beschmutzt, beschuldigt, besiegt, betrogen, bewertet, blöd, dominiert, dumm, durcheinander, eine Niete, eingesperrt, erbärmlich, erniedrigt, erwischt, fallen gelassen, gedemütigt, gefangen, gehasst, genötigt, gerügt, gezwungen, herabgesetzt, hereingelegt, ignoriert, in die Enge getrieben, in Verruf gebracht, inkompetent, isoliert, jämmerlich, klein gemacht, kritisiert, lächerlich gemacht, manipuliert, missbraucht, nicht akzeptiert, nicht gehört, provoziert, schäbig, schlecht behandelt, schuldig, traktiert, übers Ohr gehauen, übersehen, unerwünscht, unfähig, ungeliebt, unter Druck gesetzt, unterdrückt, unverstanden, unwichtig, unwürdig, verachtet, verfolgt, verlassen, verletzt, verleumdet, vernachlässigt, verspottet, verstoßen, wertlos, zerschmettert, zum Narren gehalten, zweitklassig.

Einige Grundbedürfnisse:

Subsistenz (Selbsterhalt): Atmen, Trinken, Essen …
Sicherheit: Emotionale und materielle, Halt und Geborgenheit, Unterstützung, Fürsorge …
Freiheit: Autonomie, Unabhängigkeit, Spontaneität, Wahlfreiheit in Bezug auf die eigenen Träume, Werte, Ziele …
Hobbys: Spaß, Spiel …
Identität: Einklang mit den eigenen Werten, Selbstbehauptung, Zugehörigkeit, Authentizität, Selbstvertrauen, sich selbst und andere respektieren und achten, Weiterentwicklung, Integrität …
Teilhabe/Partizipation: Zusammenarbeit, Verständigung, Co-Creation, Verbundenheit, sich äußern, wechselseitige Beziehungen, zum Wohlbefinden und zur Entfaltung anderer und seiner selbst, des Lebens beitragen …
Beziehungen: Akzeptanz, Zugehörigkeit, Aufmerksamkeit, Gemeinschaft, Gesellschaft, menschliche Wärme, Ehrlichkeit, Aufrichtigkeit, Respekt, Zärtlichkeit, Vertrauen, Kommunikation, Harmonie, Trost …
Selbstverwirklichung: Selbstausdruck, Entwicklung, Lernen, Realisieren des eigenen Potenzials, Kreativität …
Sinn: Klarheit, Verständnis, Einsicht, Orientierung, Bedeutung, Transzendenz, Einheit, Sinn …
Feiern: Zu schätzen wissen und genießen, Teilen von Freude und Leid, Rituale, Dankbarkeit …
Spiritualität: Schönheit, Inspiration, Frieden, Transzendenz …